Mathias Jeschke · Windland

für Annkatrin
& Ole
in nördlicher
herzlicher
          Verbundenheit
22.7.01   Mathias

Herausgeber: Rudolf Stirn

Mathias Jeschke

Windland

Gedichte

ALKYON VERLAG

Die Deutsche Bibliothek - CIP-Einheitsaufnahme

Jeschke, Mathias:
Windland : Gedichte /
Mathias Jeschke. -
Weissach i.T. : Alkyon-Verl., 1999
 ISBN 3-933292-13-1

© 1999
ALKYON VERLAG
Gerlind Stirn
Lerchenstr. 26
D-71554 Weissach i. T.

Druck und Verarbeitung:
Gruner Druck GmbH Erlangen

Einbandzeichnung: Karl Bohrmann

ISBN 3-933292-13-1

für Tanja

HEIDE

Herkünftig bin ich aus krautigem Ödland,
versteppt um steten Salinenzunder, Wald-
urteil Lüneburgs Salzpfannen opfernd gefällt.
Bleiben die Schnucken, umgeben von Erika,
Birke, Wacholder, hart an der Schäferidylle,
doch geht es wie sonst ums Überleben. Kam
die Kartoffel grad recht in den Boden, auch
die braucht das Salz. Ein vorhandener Berg,
der spottet dem Namen. In karstiger Ebne
mäandernde Flüsse, grade so kräftig genug,
ein Mühlrad zu treiben, das mahlt des Letzten
auch hier erst am Abend, andere sitzen da
längst beieinander, vertreiben die billige Zeit
mit Tabaksqualm, Spökenkieken und Schluck.
Wind pfeift meist scharf hier über den Sand,
fegt sommers den Brand, Hermann Löns,
durchs Gehölz. Hünengrab, ein Damenstift
und der knarzige Herr Schmidt in Bargfeld.
Jeder kocht sein eignes Süppchen, nun mal
halblang, wird schon, heißt die Hoffnung.
Bis dann der Tag kommt, an dem man geht.
Es wächst in der Ferne das Kraut mir ins Herz.

TIEFLAND

Nördlicher noch und sonnenverlassen gelangst du in diese Endgegend, entlegen und leerer als alles vorher durchschrittne Gebiet. Deine Beine gehn eben gegen die See. Dicht an den Ursprung der Zeitlosigkeit: hic salta! die tosende Weite hinauf, türmst wissend voraus. Jedes Gegengesagte vergeht ins Gewesne, wenn deine Worte das düstere Tal, in dem sie den markigen Schlaf geschlafen, verlassen. Ist auch keiner, der dir folgt, du steckst bis zur Kenntlichkeit entstellt nun in neuer Haut, die zieht niemand so bald dir über die singenden Ohren.

ÜBERMUTPROBE

Sitzt einer auf dem Dach,
der hat ein Möwenherz, das springt
in den Mast des steinernen Schiffes,
das festgefahren ist, weil
irgendwer versäumte, alte Jahre
auszuloten, Gezeiten, Untiefen
ahnten wir nicht. Und fliegt
ihm davon über Schluchten,
die Menschen gruben, um aus der
Distanz besser urteilen zu können
übereinander. Und fliegt
hinein ins flache Licht, nimmt
diesen Abend ein, und diese Welt
fällt leicht vom Himmel ab,
kaum streift sie das Gefieder.
Und fliegt bis der mulmige Magen
rückkehren mahnt, denn unten
die Wiese schwappt ans Haus.
Dieses Meer läßt keinen ein.

AM NACHMITTAG

Versonnen lehnst du an der Reling,
braunkehliger Seemann,
und bist durch den Wind.
Der Hund sitzt dir im Nacken.
Kaum Fahrt über Grund
macht das Schiff,
und der Kompaß weist in die Irre.
Schmeiß den Hund ins Wasser,
der kann schwimmen.

NOLDE IN SEEBÜLL

Die Marsch,
seeweit überweht.
Riedgewoge,
Donnerkolben trotzen in den Tag.
Auf der Warft inmitten
reicht der Himmelsbogen weiter,
eine Wachheit ists
von Ost nach West.
Auf diesen Gotteskoog will ich
euch Farben pflanzen.
Hier blühn die Anemonen blau,
so blau wie meine Jacke,
und Mohn, rot, rot,
spricht Lippenblut
im Angesicht der Dämmerung.
In einem Winkel trag ich,
Freunde, Bilder, ungemalt,
verborgen trag ich, innen
aufgerichtet.

13 FLÜGEL ZU DIR
für Claudia Lohse

Licht fällt ein. Die Sonne
achtet geschlossener Flügel nicht.
Du in der Dunkelheit,
laß dich erwärmen.
Schutz steht dir feurig zur Seite.
Der Türgriff neigt sich,
freundlich nickend dir zu.
Ergreife den Zugriff auf die Weite,
den Glauben an die
Durchlässigkeit von Mauern,
dreizehnfach.
Solche Flügel tragen.

BRUDER WINDHAUCH
für Claudia Lohse

An der Fessel hängt sie,
deine kleine Kraft,
zag und doch entflammt.
Siehst ins Licht,
denn rings ist Schwärze,
wendest dich voraus.
Wehst, ein Windhauch
deines Schattens,
der dich eisigkalt umhüllt.
Zappelst, bibberst, bittest.
Frag den Schatten,
wo sein Bruder ist.

WUNDE
für Jürgen Brodwolf

Stätte hat nur Schweigen
hier. Schweigen, stumm,
gellt in den Ohren.

Schwarzer Atem sinkt zu Boden,
taumelt, wankt der Schritt
so nirgends hin.

Was wär es zu warten,
bis dann der Schnee tanzt
über den Gräbern.

Außen aufgehobne Finsternis,
bedeckt, versteckt,
die klagende Nacktheit verstummt.

*

Doch der taube Torso liegt bloß,
im Bauchknick das schreiende Blut,
gefangen in der endgültigen Fessel.

Das Schwarze im Kopf der Täter
quillt aus den Wunden der anderen.
Menschen leben Tod.

Das Starre im Blick ein Bajonett,
kreißen sie blind,
am Anfang war die Tat.

An ihren Opfern werdet ihr sie erkennen,
in sich verkrümmt,
das ausgeblutete Leben.

*

Keine Tränen, wo die Augen fehlen,
kein Schnee, keine Gräber,
offen liegt der Mensch.

Die Dunkelheit wächst ein,
sie klammerts Herz,
gebannt, verbannt.

Der Tod eines Tages sinkt herab,
da stößt die Stirn
an der Dunkelmauer sich wach.

Über geduldige Erde,
durch die Herzen hin klafft
die Wunde Mensch.

FIGUR
für Jürgen Brodwolf

Immer weniger wissen, nur noch
diese umarmungslos gewundene Erinnerung
an das, was gewesen sein wird.

Diesen Röntgenblick auf die innere Narbe
und die bloßgelegte Krümmung des Marks,
dem aus gemergeltem Schoß gesponnenen Leben.

In seinen wundstarren Rissen
ein Rinnsal von Ruhe und Traum.

Am Hirnstamm der Totentanz
knochenhäutig keimender Relikte,
die Hirnrinde von Verlebtem asphaltiert.

Und unter der Schädeldecke bäumen Windungen
sich gegen die Leibgrenze bitterlich auf.

Nur die im Beinhaus wohnen erschrecken nicht
vor dem Feuer, in dem sie das aschene Weiß erblicken.
Andere zögern, in papierenes Schweigen versunken.

Immer weniger wissen, nur noch
diese umarmungslos gewundene Erinnerung
an das, was gewesen sein wird.

Diese Einsicht in das Schwinden
zur Zeit der Zeugung.

STELE
für Jürgen Brodwolf

In den Anfängen zogen Nomaden,
die verlorene Sprache wiederzufinden.

Verhängte Zeichen auf Hügeln
weisen auf Orte, an denen sie gruben.

An ihren Tüchern zerrt der Wind,
drunter die Sprache, der Tunnel zurück.

Bis zum Glutkern hinabsteigen,
der Hilfe, die wärmt und verbrennt.

Landschaft vermessen, Grenzsteine setzen.
Mumien enthüllen, Leichen bestatten.

Waschungen, die aus der Schorfkruste
diese Stimme ausschwemmen.

Sprich nur ein Wort. Heute.
Diese Stimme lohnt den Weg.

WAS NOCH BLEIBT

Finger fangen,
von der Nacht beschienen,
an, zu zählen
Halt und Stütze,
was dir noch bleibt,
wenn du es hörst,
auf offner Straße,
Tageslicht,
wird grundlos
diese Frau erstochen,
und wenn sich dein Leben ändert.

VILLA BERTRAMKA, PRAG
Mozart vollendet 'Don Giovanni'

Aufspringen die Flügeltüren
die Partitur in Händen
hastet er die Stufen hinauf
in den oberen Garten dort
steht er am Steintisch Gold
und alle Schwere im Blick.
Schau und höre die Zeit
drängt hervor bricht der
der ihn bei seinem Namen
rief. Jetzt gilt es ich habe
gewuchert verschwendet und
noch kein Geld. Das Publikum
steckt sich mich an den Hut.
Constanze weint so
summt er singt die Feder
bis die Stimme im Schrei
erstirbt drängt die Zeit.

DURCHS DUNKEL kommt
mit schwerem Stiefelschritt
die Müdigkeit,
mein Traumfohlen hinauszuführen.

Die Nachtweide liegt
unterm Sternenriesel bloß,
und am Gatter lehnt gelassen
der sanfte Reiter Schlaf.

DAS KNOSPIGE AM TRAUM
kehrt wieder,
wenn der Magnolienmond
auf Angesichten ruht.
Ein Strom, der Atem fließt
am Schläfenufer,
trägt herauf
bis an den Spiegel
Frühgetrübtes.
Augenloses Weinen
klart der Tag.

DIE HÄNDE GEBUNDEN die Augen
verbunden entbunden der Schmerz
das neue Leben dem drückt
der Schuh der Schuster
sieht den Weg und gerbt
das Leder mit Tränen
die Wangen hinab.

BRIEF

Ist heut Feiertag und ist so trübe, novembergrau,
daß einer sich kaum vor die Tür traut, wo die
düsterfeuchte Kühle sich in den Nacken schleicht.
In den Straßen die Leute sehen so verlassen aus jetzt.
In Fenster steigt Glanz, aus Schornsteinen Rauch,
die in den Häusern wollen es warm haben und hell.
Die übergroße Dunkelheit da draußen. Laternen
verlieren ihr Licht an die unerläßliche Nacht.
Was einer dem andern zufügen kann an Enge,
verschweigen Einsame. Die Untiefe Mond gleitet vorbei,
dort wird keiner auflaufen, um zu sich zu kommen.
Sie kugelt sich durch mein Fenster. Ich sitz hier
und lodre. Du hast den Herzbrand entfacht, so komm,
dich daran wärmen. Ich trag die Asche davon.
Komm, laß uns nicht reden, das Weberschiff Zeit
schießt durch die Straßen in den neuen Morgen.

SCHÖNE ZEIT.
  Ins Betonfach
einsortierte Selbstgespräche.
Der Tag ist ein Schlaf,
der fällt dir in den Rücken,
tief, und Sand verrieselt,
während du dein Augenmerk
verleugnest, der Fernseher
deine Träume raubt.
Nichts unter den Teppich zu kehren,
Auslegeware, geklebt. Und
wohin den Staub?
Hinaus auf den Betonbalkon, dort
kühl ich die Stirn mir
am Eisengeländer.

WER SPRICHT

Worte an den Wänden,
wachsen auf dem Tisch
und kippen über die Lippe.
Ist einer mit sich allein
und weiß sich zu unterhalten.
Was wär es, Raum zu geben
der unerträglichen Stille.
So ists ein Spiel.

*

Hände aus Blei,
die heben sich nicht,
die Scherben zu löffeln
zum Mund, der
redet sich was ein:

wie zerbrechlich einer ist
am Morgen.

ALLEINGANG

Diesen Gang
mach ich allein,

niemand wird mir folgen,
mich begleiten,

auf dem Weg in die Schlucht
hinter den Worten.

HERBSTWEGE

Ein Baum
im satten Sonnenblumenlicht
und gelbe, rote Gräser,
einen Augenblick nur.
Schau und bleibe, trinke,
schau und gehe.

Verlassen immer wieder
liegt das Haus,
und der Weg drängt über Weiten
und durch Täler
unter andren Monden.

Schuster Abschied
hat das geschundne Leder mir
mit Lehm besohlt.
Kein Ziel – doch
die Fährte nehm ich auf.

Bald wird die Krähe wieder,
schwere Braue,
spreiten in den Weg.
Aber weiter,
weiter trägt mein Schritt.
Was – und wer wird warten?

JÜTISCHE HEIDE

Seewind,
böig blau,
und jedes Haus, das
überm Ackerhügel aufgeht,
senkt sein Dach
tief gegen den,
der ist mir heut ein Lerchenhimmel.
Darunter weite Bögen Wegs
laß ich zurück,
den Faden über grün und braune Felder
ausschreite ich im Takt
der windbedrängten Ackersäume.
Nicht erst das Bauernhundebellen
scheucht mich auf:
der Wolkenwind
zaust meine Sinne,
läßt mich möwenschrein
und Wunder was –
ich kam von See.

KIERKEGAARD IN SÆDDING

Der sich duckt,
am Wind zersplittert,
den Raben scheucht er auf,
kommt hügelab durchs Kraut
den Weg, der endlich sich
zur Pforte hin verliert.
Nun steht er an der Hofmauer,
das Dach im Rücken.
Dort die Bäume schräg
im Wind, der Acker da.
Dahinter, fern im Dunst,
die Herde.
Er fragt die Steine aus
darüber, was das sei,
das weite Land,
darin der Mensch,
der wird.

HAND IM SCHWEIGEN

Die Neigung des Kopfes
zum Traum
malt diese Geste,
Hand im Schweigen
verloren, verloren
der Blick.
Auf stillen Lippen
wächst der Raum,
dort findet sich,
der Schulter nah,
ein Hören.

GEDANKENGANG

Zwei bleiben
am Wege stehn
und sprechen miteinander.

Bewegtes Stehn
setzt Wege fort,
setzt fort vom Weg.

Miteinander
stehn und sprechen
zwei am Wege.

Alles kreist
um sie herum.

ABENDZIMMER

Einsamer Tage verschossenes Blau,
fensterhinaus flieht das Auge.
Blatt nicht, nicht Feder
traumtanzen im Hallgang
der Straße. Das Pflaster
bleckt glänzende Schwärze.
Schüttere Leben hasten entlang.
Irrende Winde verneinen
ein Schweigen, ein Flüstern
schon bröckelt am Ohr.
Und steter wächst die Dunkelheit
nach innen. Nur scheint noch
unser kleines Licht hindurch.

ROTE FIGUR
für Karl Bohrmann

Der Blick hinaus. Die Zeit liegt offen.
Erwartung lehnt sich an den Raum.

Inmitten stiller Abwesenheit
glutgegenwärtig aufgerichtet
vor dem Fenster, dem Schweigen,

dahinter Meere Ankunft atmen,
Häuser verborgene Leben verheißen.

Was noch nicht ist, wächst in der Weite.
Gesicht wird sein und Stimme und Mut.
Auch Grau, auch Zagen und Abschied.

Des Augenblicks Lohn jedoch ist jetzt.
Dann der Schritt voraus.

SOMMER

Mehr kann ein Mensch gar nicht ausziehn.
Die Ofenröhre Königsstraße quillt, wo
heiße Augen lauern auf Gelegenheit,
die macht Diebe fiebern, lächerlich.
Was hilfts, den Bildersturm anzuzetteln,
wenn die Bilder vor Hitze versengen,
die im Kopf, denen einer hinterherläuft
ein halbes Leben lang vielleicht.
Ein Schlag ins Wasser wäre nicht verfehlt,
zu mehr reicht die Kraft sowieso nicht.
Vor Schwäche sinkt einer über die Brüstung.

SCHATTENWERFER

Du, Mensch, Schattenwerfer auf Erden.
Spielend auf glitzernde Pfützen am Morgen,
auf kaum eine Stunde, nur auf dich selbst.
Auf Schleichpfade vormittags, weichend,
auf Hoffnungen derer, die vor dir gewichen.
Mittags dann eilend auf grauen Beton,
auf das Verhärten, Verkümmern der andern.
Auf roten Backstein, nachmittags wandernd,
schmerzend auf Wunden im eigenen Herzen.
Auf hinterrücks leuchtende Bilder am Abend,
bewegt jetzt, von all dem Leben erschüttert.
Dann nur noch vom Gang der Sonne bewegt
auf Erden.

MARC CHAGALL, LE POÈTE ALLONGÉ

Abgewandt geraden Winkeln,
allen Fragen abgewandt,
ins Grün gebettet, halb
nur noch zugegen diesem Licht,
ahnst du im Flügelschlag der Amsel
den Atem deiner Tage.
Es fällt dies Fieber dies Fieber
wieder in dich schwer
den Wogen entgegenstehn sich wiegen
wie es einen durchbrandet doch
Erde hebt dich auf. Du bist ihr leicht.
Das schlafgeborne Wort, ein Schneefeld.
Hier ist Grün und Viehgeruch,
Holz und sonst Verläßliches.
Es gilt den Aufgang –,
das flüchtige Leben
in der Ebene zu stellen.

SCHIEFERDORF IM JANUAR

Oben, inmitten Gewölks,
der Bussard, fanglustig spähend,
steht gegen Nordost.
Der kämmt den Bergen
das Grau aus Fichtenständen,
von Weiden, Nebelsträhnen
ziehen ein ins Dorf, wo
wetterseits schieferverhangene
Häuser auf Sturzbalken
Spruchgewißheit tragen
von Schwachen und Fürchtigen,
die machen Licht.

Im Nebel Sprachen sprechen
ist für die, die nicht allein sind
unter Menschen.
Aber ist doch niemand,
der ahnt den Pfahl am Hang,
in den der Bussard
seine Fänge hiebt und wacht.

BLATT FÜR GIACOMETTI

Schütter steht der Mensch im Raum.
Sitzt erst in Finsternis, erschrickt.
Tastet sich ängstig dann auf dünnem Grat
und stockend in die Weite, windbedrängt,
umwölkt. Mauern, Brücken auf dem Weg.
Kann sein, er findet ein Gesicht,
in das er schaut, kann sein,
es reicht ihm jemand seine Hand.
Er antwortet, vielleicht.
Wenn frühe ihn ein Wort erreicht,
das wird er hören, hoffen
unter klarem Himmel auf den Tag.

ICH ALLEINSTEIN IM GEWETTER.
Der Kugelblitz, dein Herz,
er tobt an meinen Wänden.
Es tost um mein Gebein,
und Strudel zerren meine Zeit
mir aus den Händen.
Der vorletzte Halt,
vom Sog erfaßt,
entzieht sich meiner Not.
Doch steh ich noch.
In meinen Furchen fließt die Furcht
herab, herab fließt graue Einsamkeit.

NACHTFÄHRTE

Unter der Hand schmeicheln
Bilder sich wangenweich ein,
Knospen, leise verhüllt,
in den Vorhof des Schreckens.
Lecken heißatmend Wunden,
Rinnsal im Dickicht,
wach vor Angst, im Schweiße
des Angesichts verschlossen.
Bieten den Nabel.
Wo dunkles Haar
am Schulterblatt lockt,
lauert Entsetzen.
Tiefer wird die Nacht
blitzhell und Donner gellt
in Ohren, die liegen bloß.
In der mittleren Senke
nehmen Passanten Fühlung.
Erlösung ist schlafbildnah.

WENN DIE SCHATTEN SCHWINDEN

Der Tag hält für die Nacht
den Sturm bereit.

Du, bemüht zu halten,
läßt im Schmerz.

Wenn die Schatten schwinden,
bricht die Zunge
in der kargen Gegenwart,

reißt das Herz auf, tobt der Atem,
faucht die Glut darunterhin,
macht sich die Zeit zueigen,

brennt dir das Wort ein.
Vom Nahsein und Erwachen.

Bist außer dir
und außer dir ist niemand.

Dann fällst du vom Seil
aus dünnen Träumen.

ORT ZU LEBEN

Kuß des Munds, der
lacht und sagt, was
ich aus Angeln heb. Er
will sich nicht
dem Schnee verdingen.
Nähe soll sein
und Sonne. Soll Tau
auf unserm Morgen sein.

NACH DEM WEG FRAGST DU MICH.
Weißt du doch auch, wo
es langgeht. Schau mich doch an
wie ich hier stehe allein.
Von mir weg weise ich
dir den Weg weg von mir.
Lächelnd gehst du, deine Augen
sind dunkel geblieben,
verborgen geblieben bin ich,
dein Blick in meinem Gekröse,
den ich mir da hinein denke.
Leise bleib ich hier stehen
bis du kommst und den Weg suchst,
mich dann nichts wissend findest,
weil meine Lippen noch
zu anderem taugen, als dir
nicht zu sagen, bleib stehen,
los, nimm meine Hand und
öffne die Augen, daß ich dich
sehe, du bist grad nur Traum.

WEG INS GEBIRG

Ob du gewiesene Wege wahrst,
im Gehen des Sturzes gewärtig.

Fernlockende Ziele drohen,
Gebirge dräuen dunkellastig,
ihr Hinterland verdeckend.

Schimmern Adern, verhängnis-
führend, abwegig, die meide.

KURZ VOR DEM REGEN

Wind rührt
die Pauken auf dem Dach.
Im Zimmer haben die leisen Worte
ihren Ort noch im Schweigen.
Der Puls treibt hinaus
unter die alten Bäume,
deren Zeitmaß Momente,
die wetterfühligen Schwalben,
aufzieht zu erwachsener Dauer.
Zwischen Fuß und Horizont gespannt,
voraus weist der Weg, darauf
das Zögern im Schritt:
von einem Augenblick verwundet,
kurz vor dem Regen.

WÜSTE

Du mußt die Wüste mögen,
in die du hineingeboren bist,
lernen, den Skorpionen
die kalte Schulter zu zeigen
und die Fata Morgana,
das Ziel vor Augen,
kurz vor dem Zusammenbruch
hinters Licht zu führen.
Und doch ist da
diese Frau, die fegt den Weg
zu ihrem vor Wochen schon
abgerissenen Haus.

FISCH ZWISCHEN TÜR UND ANGEL

Unter dem Türsturz
hortet der Abend
genügsame Stille,
inmitten ich.

Da schwingt aus dem Blau
eine Angel nach mir aus,
grünäugiges Wort,
mit einem Blinker ganz aus Schweigen.

Angebissen reißt der Haken
die Lippe mir wund,
und schnappend find ich
erst langsam mich zurecht
auf diesem Fußbreit.

Doch lehrt mich, Fisch, dies,
die Worte zu setzen
wie Füße.

LOGBUCH

Wieviel Faden tief
dein Dunkles
unter nachtfarbener Haut?
Mein Senklot Auge
sucht deinen Grund,
verfängt sich an deinen
feinen Gelenken, daran
ich die Welt messen will.
Laß mir ein Licht
in dir, Auge, tiefinnen,
hell aufgehn.
So laß doch dein Dunkles
mir nah sein.
Mein Logbuch verzeichnet:
noch immer kein Land.

BEI WINDSTILLE

Es ist ein Meer,
auf das er hinausfährt,
übt sich im Warten,
vom Rudern lahm.
Der fischt mit der Netzhaut
nach einer, die
ihn immer noch ansieht.
Schlägt sich die Nacht
um die Augen,
sucht zu sehen.
Bei Anbruch des Tages
vernimmt er das Glucksen
am Ruderholz
und setzt die Segel.

IM ZUG

In Fahrtrichtung sitze ich,
du, in deinen Mantel gehüllt,
mir gegenüber und schläfst.

Je länger ich dich anschaue,
desto mehr fahre ich dir entgegen.

MOND

Mit zunehmender Schärfe
schneidet die gleißende Sichel
vom unklaren Teil
Nacht um Nacht.

Nur flüchtig,
was sie gewinnt:
die Sicherheit des Kreises.

FROMMER WUNSCH AN GRAUEN TAGEN

Regen schnürt durch meinen Schlummer
und nur langsam weicht im Nacken
die Verholzung auf. Wenn mein Herzschlag-
schatten auf dich fällt, springt die Glut
aus deinen Augen, an der Sollbruchstelle
läßt uns alles Menschenmögliche erzittern.
Handscheu sagen wir uns zu, daß
im Eisschrank leben sich nicht lohnt,
locken scheues Lachen aus Reserven
wer weiß wo, trinken Tau und wachen auf.

NATURA MORTE

In meiner Abwesenheit sitze ich
dir gegenüber, das Maschinengehör
im Anschlag, den Sinn entsichert.
Angeschossen, scheu taumelst du, Taube,
zurück in die Felsspalte Schweigen.
Was dich wieder hervorlockt, weiß ich
wohl, auch, wer deine Verletzungen heilt.
Täglich will ich Waffen verschrotten, dann
laß uns miteinander das Schweigen, die
kalten Wellen brechen, der am hohen Himmel
hereinbrechenden Nacht widerstehn, uns
in Bewegung nicht setzen, sondern
einlassen als in Licht Erde Luft Wasser,
die liegen alle zwischen uns möglich,
das ahne ich schon.

BERICHT EINES ÄGYPTISCHEN GRENZBEAMTEN

Das Feuer vom Himmel
dörrt die Kehle,
es lahmt das Blut,
laß uns im Schatten sprechen.
Von Edom
überzogen wir den Wüstensand
mit dem Grau der Herden.
Über die Hügel hin,
durch die Senken waren wir Sucher.
Immer fiel der Durst in Leeres.
An sterngestäubten Abenden
trieben wir in Sand
die Pflöcke unsrer Zelte,
brachen auf vor Tag,
gegürtet, um nur
in andre Dürre zu gelangen.
Es hinkt das Vieh,
die Haut, das Fell vertrocknet,
der Staubatem ein Fluch.
Öffne du uns Gosen,
das Land Gosen richte
unsrem Aug ein Blühen zu.
Laß uns seine Adern schmecken,
unsre Herden tränken.
So sprachen sie,
ich ließ passieren.

SPRICHT DIE HEXE VON ENDOR

Umnachtet dein Atem.
In den Furchtmantel gehüllt
flüchtest du dein Zagen
zu mir – nichts ist
als Schweigen. Du bitterst.
An deinen Knöcheln Lehm,
dahin du gehst.
Schon hast den Blutskönig
du zum Erben, gezählt ist
dein schütteres Haar.
Bevor du selbst dich niederstreckst,
ein Letztes noch:
Ich werf den Namen aus,
ein Rauch, von dem
du Hilfe flehst. Dein Schrei
erstirbt, als aus dem Lautgewölk
Gestalt erwächst,
dich überbeugt, bezwingt.
Du fällst und fällst
und liegst, hier
bist du nah dem Staub.

LASS UNS EINTAUCHEN
in das großblättrige Schweigen
der Nacht, seinem Schmerz
die eigene Stimme ablauschen.
Laß uns das Ohr
an die Grasnarbe legen,
es werden zu hören,
wenn die barfüßigen Träume
dort tanzen im Tau.
Dann laß uns gehen
lernen, Schwingen die Arme,
weit, zu empfangen.
Die frühe Scheu fällt von uns
nur, wenn wir nicht bleiben.
Schütteln wir ab die Dunkelheit,
die nicht unsre eigene ist.
Der Tag hat Licht genug,
hält Krüge bereit,
von Schmutz uns zu waschen,
den Durst uns zu stillen,
und schenkt noch dazu.

ZEIT SCHLEICHT SICH RÄUBRISCH
bei mir ein und bringt mich um
in der Stille, in der Einsamkeit,
keiner merkts am ersten Tag.
Am Ende ist alles entschieden,
vorbei das Lodern, das Flammen,
vorbei, was jetzt noch Sorge heißt.
Die Dunkelheit wird aufgehoben sein,
und Lilien blühn auch ohne mich.
Ich bin verlassner dann,
Enge wird sich in Erde verwandeln,
aus der wachsen Bäume.
Jetzt ists ein Kampf, jedes Wort,
jede Hand, die ich gebe,
sind eine Entscheidung wert
und fordern Opfer, immer
bleibt einer auf der Strecke.
Ich nehm an Leben ab. Doch
wehr ich mich. Ich trag
kein Lindenblatt in meiner Brust.
Es ist ein Brand.

HERBST

Hier fallen Blätter und Hüllen,
fallen Masken, fallen Menschen
sich selbst zur Last, dann zum
Opfer und fallen in den Himmel,
der trägt die Gänsehaut davon.

Die Hand dreht die Uhr weiter
an den Anfang, an dem wird es
neu sein wie es am Anfang war.

Carpe diem heißt, fange den Tag
an. Falle dem Tag in die Arme,
den Augen, die auf dich warten.

OSTERN NACH LANGEM WINTER

Mit längst vergessener Leichtigkeit springt dieses Licht
plötzlich wieder an den Punkt, den wir in unseren Herzen
schon mit Eierfarben ein wenig aufzuhellen versuchten.
Bedächtig nahm der ungemütlich Überfällige endlich seinen Hut,
den weißen, der noch immer überall und irgendwo rumlag,
von dem wir dachten, er hätte ihn nur vergessen, doch
sah man ihn dann wieder die Straßen durchziehen, die Gärten,
unruhig, übermüdet, seine Zeit zu gehen war noch nicht gekommen.
Es mußte Ostern werden bis nun sein Nachfolger im Amt
die Geschäfte übernimmt, mit leise strahlendem Lachen macht er
sich allmählich bei uns bekannt, er ist sachte, fast scheu,
doch unsereiner freut sich über seine Gesellschaft, er hat
so etwas Warmes in der Stimme und trägt keinen Hut.
Was sich da nun ausbreitet, brütet selbst in entferntesten
Körperregionen aus, was wir Frühling nennen, dieses Gefühl
auf einem Auge blind und stolpernd in hastigem Lauf, um
zu erlangen, was jeder hier sucht, liegt schon längst vor der Tür,
der Teppich, auf dem es sich nun leichter geht und kommt.
Und der Nase kommt was entgegen. Und die Blumen.

AM ABEND steige ich
entlang all dem Versäumten
den Weg hinab
ins Dunkel.

An dessen Ende wird erneut
die große Frage Tag stehen,
zu deren Zeichen ich
mich wieder aus dem Schlafe
winden muß.

DER MOMENT DES ERWACHENS

An der Tür hält der Tag
an weitgestrecktem Arm
seine Aufmerksamkeit aus Messing
mir entgegen.

Wenn mich seine kleine Zunge anspricht,
tief in meinen Traumtod klingt,
blicke ich auf, dann
will ich aufstehn,
durch die Tür hinausgehn
und die Stunden zählen
als wären sie meine letzten Finger.

NACHTAUGENPFAU

Der Fledermauston nächtlicher Umschweife
hallt uns entgegen von Ungereimtheiten,
wir wolltens bei denen bewenden lassen.
Die Nachtschnecke Traum ist ein Sog
in Himmel hinein, der linden Lüften, Hügeln
uns abspenstig macht, ein Nachtaugenpfau,
in dessen Gefieders wunder Innenseite, dort,
wo der Mond aufgeht, unsere Augen übergehn
in ein nie gesehenes Schmetterlingsstaunen
eh wir versanden im Zeitglas Vergessen.
Laß uns, um nicht zu versteinern, wach
diesen Flug ins neue Morgenrot auf Fittichen,
hütenden, brütenden, dankbar empfangen.

DIESE ZEIT

Diese Zeit ist dein Raum, hier umschmeicheln,
umlodern dich Rot, Gold, Siena und Ocker.
Hier blühst du, versprühst dich in alle Winkel
unsrer Behausung und meines Herzens und
meines Magens und immer wieder brichst du
auf mit blitzenden Speichen, den Tag zu erjagen
und was er dir schenkt an Überschwang noch
vor dem Erblinden in krustiger Erde, hier
flammt deine Lust zu unbändig Ausuferndem nah
an der Grenze. Tief fällt das Licht, das Dunkel noch
warm, noch umhüllt es, wenn die Flasche entkorkt
bald schon leer ist, hier will ich tanzen mit dir.

NOVEMBER, NACH DEM REGEN

Die frischgewaschne Wiese
federt und springt ab
vom Hang,

schwingt sich
ins verwehte Grau

und steht da –
einen Augenblick
über der Verlassenheit.

SONNTAGMORGEN

Ins blankgeputzte Becken
schwappt die Sonne.

Scarlatti wärmt den Raum.

Auf dem Tisch
die Dinge
hüpfen umeinander.

WINDLAND

Gezaust und gegenan,
so war ich heut beim Habicht.
Der erzählte mir im Flug
von seiner Kraft und Ausdauer
und wies mich weiter zu den Mühlen.
Die seltenen Menschen hier,
die von Mal zu Mal den Weg
mit mir teilten, teilten mir mit,
was sich zutrug und: wahr ist nur,
was ausgeschritten wird.
Sie erzählen noch aus ihrem Leben,
selbst wenn sie nur den Weg erklären,
und munkeln von mancher Gefahr.
(Es soll auch wieder Wölfe geben,
man sagt, sie kämen von Osten.
Einigen bin ich begegnet, doch
kamen die von Westen.)
Den Blick zum Himmel, sehe ich kommen:
Wetterwendig im Winde die Fahne
wird endlich zerfledern. Nicht
das Zeichen Entgegengehn, das
am Horizont endende Wege entgrenzt,
das Traumgesicht Ankunft.

ANKUNFT IN ROSTOCK

Im Geltungsbereich des Seewetterberichts
liegt, ein doppelt festgemachtes Herz,
unser Schiff, sturmgefahren und flauten-
erprobt, im Hafen, hier steigt unser
Landungssteg aus dem Wasser. Schon
wagen wir den Blick über die Reling,
zu sehn, was am Tage ist und mit welcher
Windstärke uns Zeit ins Gesicht schlägt
oder sie stärkt uns den Rücken. Der Schritt
auf der Straße wird wanken, wir kennen das,
noch steckt uns die See in den Knochen,
das wird vergehen. Das neue Unbekannte
lockt und fordert, wir sind, gespannte
Segel, ihm entgegengereckt, aber die Taue
sind gut beschlagen. Wir haben einen Ort
gemacht mit dem Leuchtfeuer empfangender
Freunde, dem Kreiselkompaß, unseren
aufgerauhten, aber nicht ledernen Sinnen,
und der Satellitenpeilung unsres Gebets.
Hier beginnt die Expedition ins Innere
der neuen Existenz im anderen gleichen
Land, das vielleicht auch Heimat heißen
wird, die ist auf der Seekarte zu finden.

AMWASSERGEHEN

Nebel steigt auf von der Warnow, der Schleier der
Unschärfe mindert die Landschaft aus Schiffen,
Häusern und Kränen auf ein weiches Maß, um das
du mehr mit dir allein bist. Oder am Alten Strom
das Geschiebe bei Fisch- und Bernsteinverkäufern
und denen, die dich hinauslocken wollen, wo dich
dann einer mit Akkordeon vollplärrt, hier bist du
Teil der wimmelnden Meute, hoffst, grade noch
eine Qualle zu sehn. Oder gehst am Strande, weit,
ohne an Umkehr zu denken, ohne zu denken, nur
vor dich hin entlang dem Saum, mal bleibst du stehn,
schaust in die Weite, liest eine Muschel auf, einen
Stein. Gehst immer auf steiniger Grenze zu diesem
Unfaßbaren, rund um die Erde, dir um die Füße hier
sanft, das immer fließt, spiegelglatt, tobend, drin
siehst du die Zeit, die du vergißt, bist du bei dir.

KABUTZENHOF

Unsere Häuserzeile liest sich wie ein Zufluß
zur See. Zwischen schwarzen und gelben
Fahrwassertonnen den toten Plattfisch
auf der Straße umschnuppert die fette Katze
des Bäckers, dessen Enkel fährt unter Segeln,
schreibt aus Dubai von der Armut. Gegenüber
beim Friseur wird täglich Zeit gestutzt. Hier
innen taut grad alles, was reingeschneit war.
Die Hitze kommt sehr unerwartet, wir umgehn
die Pflicht mit unsicheren Schritten. Auch
der Hausmeister hat Urlaub, das Unkraut
wächst uns zumindest übers Knie und
der ABC-Schütze greift zu seiner Waffe.

KAVELSTORF I

Krall dich an der Erde fest, die Wellen
gehen hoch. Hier ist ein Ort, in dessen Grün
du später zögernd Fuß faßt. Hacke Holz,
laß das Beil den Ton des Windrads
ausgangsloser Kämpfe singen, staple
deine Schwielen, abends kannst du
dich an ihnen wärmen. Schöpfe Mut
wie Wasser, auch der gelbe Hund
träumt nur von Mäusen, die er,
aufgewacht, nicht wiederfindet.

KAVELSTORF II

Leer vor meinen Lippen liegt das Land.
Aufgeworfen schwarze Erde, Krähen, Wut.
Immer der weitläufigen Linie entgegen
Wege, Wunden zuzufügen dem Schlamm,
Spuren zu verleihen dem eitrigen Pfad,
um in die Stummheit Schneisen zu schlagen.
Hier geh ich gegen den Himmel an,
trotz ich mit brüllender Stirn dem Sturm
jeden Schritt ab. Im roten Haus dann
entfach ich zerbrechliche Feuer.
Wege, mich meiner selbst zu entäußern,
das Land zu beleben mit einem wie mir.

INSELKIRCHE
Hiddensee

Mit dem Ölhemd,
der sanddornfarbenen Kutte,
einsam am Meer.

Regen und abreißende Gischt
von klatschenden Wogen,
ein heilig Geist- und Wasserbad.

Dann lehnt sich gegen Boreas
die weißversteinte Gischt,
an diesen Uferstreif gespült.

Noch unter dem Tonnengewölbe
der blaue Bogen,
den die Welle schlug.

WINDFLÜCHTER
Hiddensee

Baumschraffur,
vor den Himmel gezeichnet.
Jeder Ast ein Windstreich,
geführt von harter,
immerwährender Hand.
Der Baum träumt
davon.

In der Nacht aber
unter dem Wind,
wo zwischen Erdkrumen
kein Lüftchen sich regt,
nach dem nur ein winziges Ästchen
sich hängen ließe,
dehnt er, reckt er
sein Holz
allen Winden entgegen,
ihnen verborgen, um
trotzdem zu bleiben.

EICKHOF

Weite des Flußtals. Landschaft wie bei Erschaffung
der Welt am fünften Tag. Nah das Gehöft im April,
heiterer Vorhof heraufziehnder Fronten bei Lützen,
an der Milvischen Brücke, wer weiß wo sonst noch.
Die Katzen spielen in der Küche Kriegen. Und wir
in Stiefeln auf schlammiger Fährte flüchtigen Wilds.
Nachts Gesang. Paar Leute vom Flecken am Feuer.
Wir schlafen wies kommt und halten fest, was wir
haben, wenn am Morgen die Kühe ihren entführten
Kälbern nachschrein, das Ungestüm Pferd im Zaun
sich verrennt und läßt nicht leicht sich überreden,
rückwärts nachhause zu gehn. In jenem Film, den
die flirrende Sonne im Heuschober zeigt, schaufeln
wir Futter auf einen Karren. Leise rieselt die Spreu.
Nicht leicht läßt sich einlassen auf solche Zeit, die
noch im Dunkel, noch munter aus ihrer Quelle fließt,
eh sie ins Haus steht, ein Loch in den Bauch uns zu
fragen. Am sechsten Tage hat er uns Beine gemacht.
Laß uns sehn, daß wir Land gewinnen wer weiß wo.

FISCHLAND

Hinaus. Aus Bleikammern hundertfältiger Verkrümmung
auf dies Fädchen Land. Fließt nicht nur Milch und Honig
hier Kehlen hinunter, die längst nicht alles schlucken.
Das Blut ist heut so kabbelig, und an der Herzhaut zerrt
der Sturm, Nordwest, der peitscht geduldige Wellen und
heult uns die Ohrn voll, die lange noch sausend so gehn.
Die See bleckts gefräßige Maul, schlägt Zähne ins Land,
tollwütig weißschäumende Gischt reißt da ab und faucht
den verstädterten, jetzt aber jauchzenden Sinnen entgegen.
Möwen zerfen, fliegen rückwärts, schießen in den Wind.
Da hat das Meer den Strand verschluckt, wenn hinter uns
nicht der Deich wär, so heißts, käm jede Hilfe zu spät.
Bei altem, lakritzenem Kaffee im Quartier unsrer Küche
sitzen, belachen wir so überstehbare Prüfung zuweilen.
Nachts überkommt mich antik, thalatta!, griechische Lust,
das Meer, die Sterne zu lesen, einen Ort hier zu machen.
Anderntags die Austernfischer huschen am Bodden im Ried
und tuscheln mit unglaublich roten Schnäbeln sich zu,
wer nun wieder was gefangen und wie dick der Fisch war.

BEI SCHLOSS PLÜSCHOW ÜBER LAND

Die Sinne geschärft
und geschultert. Mit diesem Spaten
rück ich den Wurzeln zu Lande.
Gut geschnürt das Bündel
genügender Jahre, hinaus
in die wallende Ebene.
Mutterland, karges. Hier
liegt der Wortschatz im Acker.
Von dieser Erde bin ich genommen.

ÜBER DEN AUTOR

Mathias Jeschke, geb. 1963 in Lüneburg. Aufgewachsen in der Lüneburger Heide. Studium der Evangelischen Theologie. Gesangsausbildung, freie Theatertätigkeit. Lektor bei einem Stuttgarter Verlag. Künstlermanagement, Veröffentlichung von Illustrationen. Arbeitsstipendium des Kultusministeriums des Landes Mecklenburg-Vorpommern. Freies Lektorat, u.a. für die Universität Rostock.

Seit 1989 zahlreiche Gedichte, Reiseberichte und andere Prosatexte in Almanachen, Anthologien , Hörfunk und Presse.
Erste Buchveröffentlichung.

INHALT

7 Heide
8 Tiefland
9 Übermutprobe
10 Am Nachmittag
11 Nolde in Seebüll
12 13 Flügel zu dir
13 Bruder Windhauch
14 Wunde
16 Figur
17 Stele
18 Was noch bleibt
19 Villa Bertramka, Prag
20 Durchs Dunkel
21 Das Knospige am Traum
22 Die Hände gebunden
23 Brief
24 Schöne Zeit
25 Wer spricht
26 Alleingang
27 Herbstwege
28 Jütische Heide
29 Kierkegaard in Sædding
30 Hand im Schweigen
31 Gedankengang
32 Abendzimmer
33 Rote Figur
34 Sommer
35 Schattenwerfer
36 Marc Chagall, Le poète allongé
37 Schieferdorf im Januar
38 Blatt für Giacometti
39 Ich Alleinstein im Gewetter
40 Nachtfährte
41 Wenn die Schatten schwinden
42 Ort zu leben
43 Nach dem Weg fragst du mich

44 Weg ins Gebirg
45 Kurz vor dem Regen
46 Wüste
47 Fisch zwischen Tür und Angel
48 Logbuch
49 Bei Windstille
50 Im Zug
51 Mond
52 Frommer Wunsch an grauen Tagen
53 Natura morte
54 Bericht eines ägyptischen Grenzbeamten
55 Spricht die Hexe von Endor
56 Laß uns eintauchen
57 Zeit schleicht sich räubrisch
58 Herbst
59 Ostern nach langem Winter
60 Am Abend
61 Der Moment des Erwachens
62 Nachtaugenpfau
63 Diese Zeit
64 November, nach dem Regen
65 Sonntagmorgen
66 Windland
67 Ankunft in Rostock
68 Amwassergehen
69 Kabutzenhof
70 Kavelstorf I
71 Kavelstorf II
72 Inselkirche
73 Windflüchter
74 Eickhof
75 Fischland
76 Bei Schloß Plüschow über Land

77 Über den Autor

EDITION EISVOGEL
IM ALKYON VERLAG

In König Hanichs Reich. Märchenroman von Gerhard Staub
144 S., 10 Ill., DM 16,80 ÖS 123,-SFR 16,00. 3-926541-00-8
Die Stadt und die Schreie. Roman in 22 Erzählungen
von Eduardo Lombron del Valle
120 S., 9 Abb., DM 16,80 ÖS 123,- SFR 16,00. 3-926541-01-6
Leonardo da Vinci. Prophezeiungen, Italienisch-Deutsch
102 S., 2 Abb., DM 16,80 ÖS 123,- SFR 16,00. 3-926541-02-4
Der verlorene Apfelbaum. Eine Pfarrhauskindheit in der Mark
von Jutta Natalie Harder.
168 S., 2 Ill., DM 18,80 ÖS 137,- SFR 18,00. 3-926541-03-2
Unter der Platane von Gortyna. Kretische Prosa und Lyrik von Zacharias
G. Mathioudakis. 3. Auflage 1995
96 S., 4 Ill., DM 16,80 ÖS 123,- SFR 16,00. 3-926541-05-9
Christa Hagmeyer, Bewohner des Schattens. Kurze Prosa
96 S., 8 Ill., DM 18,80 ÖS 137,- SFR 18,00. 3-926541-06-7
Wie man eine Giraffe wird. Gedichte Russisch-Deutsch
von Wjatscheslaw Kuprijanow. 2. Auflage 1991
vergriffen. Neuausgabe in Vorbereitung
144 S., 9 Ill., DM 22,80 ÖS 166,- SFR 21,00. 3-926541-07-5
Anne Birk, Der Ministerpräsident. Bernies Bergung. 2 Erz.
168 S., 5 Ill., DM 18,80 ÖS 137,- SFR 18,00. 3-926541-09-1
Kay Borowsky, Der Treffpunkt aller Vögel. Gedichte
96 S., 6 Abb., DM 17,80 ÖS 130,- SFR 17,00. 3-926541-10-5
Margarete Hannsmann, Wo der Strand am Himmel endet
Griechisches Echo. Gedichte Neugriechisch-Deutsch.
Übertragen von Dimitris Kosmidis. 144 S., 10 Abb.
DM 22,80 ÖS 166,- SFR 21,00. 3-926541-11-3
Lisa Ochsenfahrt, Ohne nennenswerten Applaus. Kurze Prosa
96 S., 5 Abb., DM 17,80 ÖS 130,- SFR 17,00. 3-926541-12-1
Ulrich Zimmermann, Ins weiche Holz des Balkens
Von vernagelten Horizonten und anderen Hämmern
96 S., 5 Abb., DM 17,80 ÖS 130,- SFR 17,00. 3-926541-23-7
Justo Jorge Padrón, In höllischen Sphären. Gedichte Spanisch und
Deutsch. Übertragen von Rudolf Stirn *144 S., 3 Abb., DM 20,80 ÖS 152,-*
SFR 19,00. 3-926541-24-5

Kleine ALKYON Reihe

M. Gernoth, Die Bitterkeit beim Lachen meiner Seele. Ged.
80 S., 4 Abb., DM 16,80 ÖS 123,- SFR 16,00. 3-926541-13-X
Michail Krausnick, Stichworte. Satiren, Lieder und Gedichte
80 S., 5 Abb., DM 16,80 ÖS 123,- SFR 16,00. 3-926541-14-8
Imre Török, Cagliostro räumt Schnee am Rufiji. Geschichten
140 S., 1 Abb., DM 16,80 ÖS 123,- SFR 16,00. 3-926541-16-4
Dimitris Kosmidis, Der Muschel zugeflüstert. Gedichte
80 S., 6 Abb., DM 16,80 ÖS 123,- SFR 16,00. 3-926541-18-0
Bruno Essig, Ruhige Minute mit Vogel. Gedichte
80 S., 5 Abb., DM 16,80 ÖS 123,- SFR 16,00. 3-926541-19-9
Anne Birk, Das nächste Mal bringe ich Rosen. Erzählung
130 S., 3 Abb., DM 16,80 ÖS 123,- SFR 16,00. 3-926541-20-2
Jürgen Kornischka, Nacht im Flügelhemd
80 S., DM 16,80 ÖS 123,- SFR 16,00. 3-926541-22-9
Irmtraud Tzscheuschner, Ines Konzilius. Roman
144 S., 8 Abb., DM 16,80 ÖS 123,- SFR 16,00. 3-926541-21-0
Peter Kastner, In Fabel-Haft
120 S., 4 Abb., DM 16,80 ÖS 123,- SFR 16,00. 3-926541-26-1
Ingeborg Santor, Amsellied und Krähenschrei. Gedichte
80 S., 1 Abb., DM 16,80 ÖS 123,- SFR 16,00. 3-926541-32-6
Rudolf Stirn, Die Hürde des Lichts. Roman
130 S., 12 Ill., DM 18,00 ÖS 131,- SFR 17,00. 3-926541-33-4
Olaf Reins, Das zweite Leben des Herrn Trill. Geschichten
130 S., 3 Abb., DM 19,80 ÖS 145,- SFR 19,00. 3-926541-39-3
Imre Török, Ameisen und Sterne. Märchen u. a. wahre Gesch.
132 S., 1 Abb., DM 16,80 ÖS 123,- SFR 16,00 3-926541-49-0
Bernd Hettlage, Wie ich Butterkönig wurde. Erzählungen
132 S., 1 Abb., DM 16,80 ÖS 123,- SFR 16,00 3-926541-54-7
Gerhard Staub, Sternenflug. Erzählungen
148 S., 15 Abb., DM 18,80 ÖS 137,- SFR 18,00 3-926541-58-X
Olaf Reins, Waterhouse. Erzählungen
172 S., 1 Abb., DM 19,80 ÖS 145,- SFR 19,00 3-926541- 78-4

Junge ALKYON Serie

Paß gut auf alle Menschen auf. Gedichte zum Jahreswechsel
Anthologie der Kl. 7 Max-Born-Gymnasium Backnang
80 S., 8 Abb., DM 14,80 ÖS 108,- SFR 14,00. 3-926541-27-X

Lotte Betke, Das Lied der Sumpfgänger, Erzählung
130 S., 7 Abb., DM 16,80 ÖS 123,- SFR 16,00. 3-926541-34-2
Klaudia Barisic, Ich möchte das Meer sehen, Prosatexte
96 S., 3 Abb., DM 18,80 ÖS 137,- SFR 18,00. 3-926541-36-9
Monika Eisenbeiß, Kinder, Chaos und ein Koch
144 S., 1 Abb., DM 16,80 ÖS 123,- SFR 16,00. 3-926541-37-7
Lotte Betke, Wir würden's wieder tun. Erzählung
182 S., 6 Abb., DM 19,80 ÖS 145,- SFR 19,00. 3-926541-38-5
Signe Sellke (Hrsg.), Engel sind keine Einzelgänger
Texte von Kindern der Scherr-Grundschule Rechberg
80 S., 27 Abb., DM 14,80 ÖS 108,- SFR 14,00. 3-926541-41-5
Manfred Mai, Hinter der Wolke. Roman
130 S., 3 Ill., DM 16,80 ÖS 123,- SFR 16,00. 3-926541 42-3
Irmela Brender, Fünf Inseln unter einem Dach
178 S., DM 19,80 ÖS 145,- SFR 19,00. 3-926541-47-4
Manfred Mai, Mut zum Atmen. Jugendroman
128 S., 1 Abb., DM 16,80 ÖS 123,- SFR 16,00 3-926541-50-4
Martin Beyer, Fragezeichen. Erzählung
178 S., DM 19,80 ÖS 145,- SFR 19,00 3-926541-52-0
Lotte Betke, Rotdornallee
108 S., 5 Abb., DM 14,80 ÖS 108,- SFR 14,00 3-926541-59-8
Rudolf Stirn, Der Weg nach Nurmiran. Märchenroman
250 S.,18 Abb., DM 19,80 ÖS 145,- SFR 19,00 3-926541-67-9
Lotte Betke, Lampen am Kanal
118 S., 5 Abb., DM 14,80 ÖS 108,- SFR 14,00 3-926541-68-7
Andreas Pesch, Bosniens Herz ist groß und nah. Erzählungen
135 S., 1 Abb., DM 16,80 ÖS 123,- SFR 16,00 3-926541-76-8
Udo Straßer, Der Sternenskorpion. Erzählung
132 S., 4 Abb., DM 16,80 ÖS 123,- SFR 16,00 3-926541-86-5
Joachim Hoßfeld, Aus dem Tagebuch des Katers Brandner
134 S., 12 Abb., DM 19,80 ÖS 145,- SFR 19,00 3-926541-89-X
Sylvia Frey/Julia Kaufmann, Ute eckt an.
Erzählung aus Klasse 8 Max-Born-Gymnasium Backnang
84 S., 3 Abb., DM 16,80 ÖS 123,- SFR 16,00 3-926541-97-0
Sylvia Keyserling, Im Baum sitzt ein Koalabär
132 S., 7 Ill., DM 18,80 ÖS 137,- SFR 18,00 3-933292-00-X

-.-

E. Marheinike, Das Backnanger Hutzelmännchen
120 S., 5 Ill., DM 16,00 ÖS 117,- SFR 15,00. 3-926541-04-0

Gerold Tietz, Satiralien. Berichte aus Beerdita
96 S., DM 17,80 ÖS 130,- SFR 17,00. 3-926541-08-3
A. Birk u.a.(Hrsg.), Beifall für Lilith. Autorinnen über Gewalt
185 S., DM 18,80 ÖS 137,- SFR 18,00. 3-926541-17-2
Rud. Stirn, Faustopheles und Antiphist. Ein FAUST-Palindram
188 S., DM 20,00 ÖS 146,- SFR 19,00. 3-926541-25-3
Wjatscheslaw Kuprijanow, Das feuchte Manuskript. Roman
144 S., 5 Ill., geb. DM 26,00 ÖS 190,- SFR 24,00. 3-926541-15-6
Rudolf Stirn, Wie ein Licht aufzuckt. Ein Josef-K.-Roman
112 S., DM 16,00 ÖS 117,- SFR 15,00. 3-926541-29-6
Lotte Betke, Feuermoor oder Sieh dich nicht um. Roman
180 S., DM 19,80 ÖS 145,- SFR 19,00. 3-926541-28-8
Christa Hagmeyer, Auf unsern Nebelinseln. Gedichte
90 S., 3 Abb., DM 17,80 ÖS 130,- SFR 17,00. 3-926541-31-8
Helga Meffert, Orang-Utan oder Die Wurzeln des Glücks. Erz.
80 S., 2 Abb., DM 16,80 ÖS 123,- SFR 16,00. 3-926541-30-X
Rudolf Stirn, Menetekel, Abgesang. Ein FAUST-II-Palindram
130 S., DM 18,00 ÖS 131,- SFR 17,00. 3-926541-35-0
michael fleischer, selbstgespräche monoton
148 S., DM 22,80 ÖS 166,- SFR 21,00. 3-926541-40-7
Miodrag Pavlovic, Die Tradition der Finsternis. Gedichte
96 S., DM 18,80 ÖS 137,- SFR 18,00. 3-926541-43-1
Johannes Poethen, Das Nichts will gefüttert sein
Fünfzig Gedichte aus fünfzig Jahren. Klappenbroschur
64 S., DM 18,80 ÖS 137,- SFR 18,00. 3-926541-45-8
Hans Klein, Diese Erde. Gedichte
80 S., DM 16,80 ÖS 123,- SFR 16,00. 3-926541-46-6
Dimitris Kosmidis, Die Botschaft der Zikaden. Ged. Kl.broschur
96 S., 9 Abb., DM 22,80 ÖS 166,- SFR 21,00. 3-926541-48-2
Heinz Angermeier, Gesichter der Landschaft. Landschaften
des Gesichts. Lyrische Texte. Klappenbroschur
64 S., 3 Abb., DM 20,80 ÖS 152,- SFR 19,00 3-926541-51-2
Rudolf Stirn, Anton Bruckner wird Landvermesser. Roman
156 S., DM 22,00 ÖS 161,- SFR 20,00 3-926541-53-9
Wolfgang Kaufmann, Bonjour Saigon. Roman
Ln. geb., 240 S., DM 36,00 ÖS 263,- SFR 33,00 3-926541-55-5
Conrad Ceuss, Wohl- und Übeltaten des Bürgers Borromäus
148 S., DM 16,80 ÖS 123,- SFR 16,00 3-926541-56-3
Ursula Geiger, Die Töchter in der Zeit der Väter, Erinnerungen der Enkelin des Schweizer Theologen Hermann Kutter
132 S., DM 16,80 ÖS 123,- SFR 16,00 3-926541-57-1

Sergio Chejfec, Geografie eines Wartens. Roman
Aus dem argentin. Spanisch v. Karin Schmidt
164 S., DM 22,00 ÖS 161,- SFR 20,00 3-926541-60-1
Christa Hagmeyer, Unterm Schattendach
Geschichten zwischen Tag und Traum
94 S., DM 17,80 ÖS 130,- SFR 17,00 3-926541-61-X
Armin Elhardt, Das Blinzeln des Abendsterns. Prosa
94 S., DM 17,80 ÖS 130,- SFR 17,00 3-926541-62-8
Katharina Ponnier, Die Grille unter dem Schellenbaum. Roman
230 S., DM 22,80 ÖS 166,- SFR 21,00 3-926541-63-6
Wjatscheslaw Kuprijanow, Eisenzeitlupe. Gedichte. Broschur
Im Februar 1997 auf Platz 1 der SWF-Bestenliste
92 S., 3 Abb. DM 18,80 ÖS 137,- SFR 18,00 3-926541-64-4
Matthias Kehle, Vorübergehende Nähe. Gedichte. Broschur
82 S., 1 Abb. DM 16,80 ÖS 123,- SFR 16,00 3-926541-65-2
Widmar Puhl, Wo der Regenbaum stand. Gedichte. Broschur
74 S., DM 16,80 ÖS 123,- SFR 16,00 3-926541-66-0
Marianne Rentel-Bardiau, La promeneuse / Die Spaziergängerin
Gedichte Französ.-Dtsch. Übertr. v. Reinhard Walter. Broschur
80 S., DM 18,80 FFR 58,00 ÖS 137,- SFR 18,00 3-926541-69-5
Ralf Portune, Den Überlebenden. Gedichte. Broschur
76 S., DM 17,80 ÖS 130,- SFR 17,00 3-926541-70-9
Alexander Ruttkay, Ein Fremder kehrt zurück. Roman
123 S., 3 Abb., DM 19,80 ÖS 145,- SFR 19,00 3-926541-71-7
Angelika Stein, Indische Stimmen. Erzählung
72 S., 1 Abb., DM 17,80 ÖS 130,- SFR 17,00 3-926541-72-5
Winfried Hartmann, Nachtgeflüster. Gedichte
95 S., DM 18,80 ÖS 137,- SFR 18,00 3-926541-73-3
Rolf Augustin, Diesseits und jenseits der Grenze
Kurze Prosatexte. Broschur.
83 S., 1 Abb., DM 18,80 ÖS 137,- SFR 18,00 3-926541-74-1
Ulrich Maria Lenz, Irgendein Tag in der Zeit. Gedichte
121 S., 1 Abb., DM 19,80 ÖS 145,- SFR 19,00 3-926541-75-X
Lotte Betke, Inmitten der Steine. Gesammelte Gedichte
77 S., 1 Abb., DM 17,80 ÖS 130,- SFR 17,00 3-926541-77-6
Jan Wagner, Beckers Traum. Erzählung
81 S. DM 16,80 ÖS 123,- SFR 16,00 3-926541-79-2
Wolfgang Andreas Harder, Schattenlauf im Fluß. Gedichte
87 S., 4 Abb. DM 18,80 ÖS 137,- SFR 18,00 3-926541-80-6
Gerold Tietz, Böhmische Fuge. Roman
168 S., 4 Abb., DM 19,80 ÖS 145,- SFR 19,00 3-926541-81-4

Anne C. Krusche, Wie ein Mantel aus Schnee. Roman. 2. Aufl.
214 S. DM 22,80 ÖS 166,- SFR 21,00 3-926541-82-2
Joachim Hoßfeld, Steigen und Stürzen. Ein Bericht
164 S., DM 19,80 ÖS 145,- SFR 19,00 3-926541-83-0
Marc Degens, Vanity Love. Roman
286 S., 1 Abb. DM 24,80 ÖS 181,- SFR 23,00 3-926541-84-9
Wassilis Ellanos, Hier meine Erde. Chorischer Hymnus
80 S., 13 Abb., DM 19,80 ÖS 145,- SFR 19,00 3-926541-85-7
U.+ G. Ullmann-Iseran, Die Rückkehr der Schwalben. Roman
148 S., 12 Abb., DM 22,80 ÖS 166,- SFR 21,00 3-926541-87
Rudolf Stirn, Mörike, der Kanzler, Kleiner und Ich. Capriccio
111 S., DM 18,80 ÖS 137,- SFR 18,00 3-926541-88-1
Walter Aue, Der Stand der Dinge. Neue Gedichte
84 S., DM 18,80 ÖS 137,- SFR 18,00 3-926541-90-3
Anita Riede, Ein Fingerhut voll Licht. Gedichte
67 S., DM 17,80 ÖS 130,- SFR 17,00 3-926541-91-1
Knut Schaflinger, Der geplünderte Mund. Gedichte
99 S., DM 19,80 ÖS 145,- SFR 19,00 3-926541-92-X
Sonja Maria Decker, Das Dunkel zwischen den Lichtern. Roman
348 S., DM 24,80 ÖS 181,- SFR 23,00 3-926541-93-8
Stefanie Kemper, Herrn Portulaks Abschied. Erzählungen
84 S., DM 18,80 ÖS 137,- SFR 18,00 3-926541-94-6
Ingeborg Santor, Schlafmohntage. Erzählungen
91 S., DM 18,80 ÖS 137,- SFR 18,00 3-926541-95-4
Martin Beyer, Nimmermehr. Roman
109 S., DM 18,80 ÖS 137,- SFR 18,00 3-926541-96-2
Wjatscheslaw Kuprijanow, Wie man eine Giraffe wird. Gedichte
Russisch-Deutsch. 3. veränderte u. erweiterte Aufl.
133 S., DM 22,80 ÖS 166,- SFR 21,00 3-926541-98-9
Rudolf Stirn, Der Gedankengänger. Roman
84 S., DM 18,00 ÖS 131,- SFR 17,00 3-926541-99-7
Anneliese Vitense, Sieben blaue Bäume. Ges. Ged. 2.Aufl. 1999
108 S., 5 Ill., DM 18,80 ÖS 137,- SFR 18,00 3-933292-01-8
Mehmet Şekeroğlu, Das Ohrenklingeln. Erzählungen
150 S., DM 19,80 ÖS 145,- SFR 19,00 3-933292-02-6
Klára Hurková, Fußspuren auf dem Wasser. Gedichte u. Texte
64 S., DM 17,80 ÖS 130,- SFR 17,00
Ursula Geiger, Noch immer Leim an meinen Sohlen?
Lebenserinnerungen II der Enkelin des
Schweizer Theologen Hermann Kutter
132 S., DM 18,80 ÖS 137,- SFR 18,00 3-933292-04-2

Renate Gleis, Biografie des Abschieds. Prosa und Gedichte
95 S., DM 18,80 ÖS 137,- SFR 18,00 3-933292-05-0
Margaret Kassajep, Der Pirol beendet sein Lied. Gedichte
80 S., DM 17,80 ÖS 130,- SFR 17,00 3-933292-06-9
Rosmarie Schering, Taumle ich? Erzählungen
100 S., DM 18,80 ÖS 137,- SFR 18,00 3-933292-07-7
Wassilis Ellanos, Wenig Licht und ein Fremder. Ged. Griech. - Deutsch
88 S., 12 Abb., DM 22,80 ÖS 166,- SFR 21,00 3-933292-08-5
Walter Neumann, Eine Handbreit über den Wogen. Baltisch. Gesch.
122 S., 4 Abb., DM 19,80 ÖS 145,- SFR 19,00 3-933292-09-3
Hansjürgen Bulkowski, Hellers Fall. Erzn. aus dem Gedächtnis
115 S., 3 Abb., DM 18,80 ÖS 137,- SFR 18,00 3-933292-10-7
Abdullah Kraam, Blume Erde. Gedichte
80 S. DM 17,80 ÖS 130,- SFR 17,00 3-933292-11-5
Wolfgang Hoya, Manchmal, morgens. Gedichte
64 S., 3 Abb., DM 17,80 ÖS 130,- SFR 17,00 3-933292-12-3
Mathias Jeschke, Windland. Gedichte
86 S. DM 17,80 ÖS 130,- SFR 17,00 3-933292-13-1
Insa Wenke, Der Unbekannte im Watt. Erzählungen
124 S., 3 Abb. DM 18,80 ÖS 137,- SFR 18,00 3-933292-14-X
Peter Schweickhardt, Der Seniorenpreis. Erzählungen
120 S., 1 Abb., DM 18,80 ÖS 137,- SFR 18,00 3-933292-15-8
Dinu Amzar, In Sätzen In Ketten. Gedichte
116 S., 3 Abb., DM 18,80 ÖS 137,- SFR 18,00 3-933292-16-6
Jutta Natalie Harder, Der wiedergefundene Apfelbaum.
Auf der Reise zu mir selbst
296 S., 3 Abb., DM 22,80 ÖS 166,- SFR 21,00 3-933292-17-4
Alexander Bertsch, Die endliche Reise. Roman
240 S., DM 29,80 ÖS 218,- SFR 27,50 3-933292-18-2
Imre Török, Cagliostro räumt Schnee am Rufiji. Geschichten
Veränderte und erweiterte Neuausgabe
130 S., 3 Abb., DM 18,80 ÖS 137,- SFR 18,00 3-933292-19-0
W. Kuprijanow, Der Schuh des Empedokles. Rom. Neuausgabe
198 S., 3 Abb., DM 26,00 ÖS 190,- SFR 24,00 3-933292-20-4
Kuprijanow, W./Lipnewitsch, V./ Kollessow, J. u.a.,
Wohin schreitet die Pappel im Mai?
Anthologie moderner russ. Lyrik. Russisch - Deutsch
128 S., 3 Abb., DM 22,80 ÖS 166,- SFR 21,00 3-933292-21-2
L. da Vinci, Profezie/Prophezeiungen. It. - Dtsch. Neuausgabe
Übersetzt und m. ein. Essay herausgegeben von Klaus Weirich.
113 S., 3 Abb., DM 22,80 ÖS 166,- SFR 21,00 3-933292-22-0